세계를 보는 눈을 길러주는
세계 문화 탐험 프로그램

세계사 여행

5

다양한 문화권의 형성

1차시 유럽 문화권

2차시 이슬람 문화권

3차시 인도 · 동남아시아 문화권

4차시 중국 · 동아시아 문화권

역사 전문 프로그램
감돌역사교실

세계사 여행 〈5호 수업안내문 | 다양한 문화권의 형성〉

제목	학습목표	학습내용
1차시 유럽 문화권	· 서로마 제국 멸망 후 게르만족의 서유럽 세계 형성 과정을 이해한다. · 로마 제국을 계승한 동로마 제국의 독특한 비잔티움 문화를 이해한다.	01 게르만족의 성장 02 게르만족의 대이동 03 동로마 제국(비잔티움 제국) 04 프랑크 왕국의 성장
2차시 이슬람 문화권	· 이슬람교의 성립 과정과 그 전파 과정을 이해한다. · 이슬람 문화의 특징과 이슬람 문화권의 형성 과정을 이해한다.	01 이슬람교를 만든 무함마드 02 〈쿠란〉으로 통합된 이슬람 제국 03 이슬람 사원 속 이슬람 문화 04 세계로 뻗어가는 이슬람 문화
3차시 인도 · 동남아시아 문화권	· 인도 북쪽에 이슬람교가 전파되면서 북인도와 남인도의 문화적 차이를 이해한다. · 동남아시아 문화의 특징과 동남아시아 문화권의 형성 과정을 이해한다.	01 인도에 들어온 이슬람교 02 지도로 보는 동남아시아 03 동남아시아로 전해진 불교 04 동남아시아로 전해진 힌두교
4차시 중국 · 동아시아 문화권	· 중국의 위진남북조 시대와 수 · 당 시대의 문화의 성격을 이해한다. · 동아시아 문화의 특징과 동아시아 문화권의 형성 과정을 이해한다.	01 불교가 전파된 위진남북조 시대 02 동아시아의 중심 수 · 당 03 동아시아 문화권 형성 04 교류를 통해 성장하는 한국과 일본

이 달에 배우는 세계사 연표

316 중국 5호16국 시대 시작

320년 경 인도 굽타 왕조 성립

375 게르만족 대이동 시작

395 로마 제국 동서로 분열

439 중국 남북조 시대 성립

475 서로마 제국 멸망

320년 경 프랑크 왕국 건설

589 수, 중국 통일

610 무함마드, 이슬람교 창시

618 당의 건국

622 헤지라

676 신라, 삼국 통일

800 카롤루스 대제, 황제 대관

1 유럽 문화권

학습목표

• 서로마 제국 멸망 후 게르만족의 서유럽 세계 형성 과정을 이해한다.

• 로마 제국을 계승한 동로마 제국의 독특한 비잔티움 문화를 이해한다.

학습내용

01 게르만족의 성장
02 게르만족의 대이동
03 동로마 제국(비잔티움 제국)
04 프랑크 왕국의 성장

공부하고 지도에 표시하기

01 게르만족의 성장

로마 제국 북쪽에서는 게르만족이 성장해 가고 있었던 반면, 번영을 누리던 로마 제국은 점차 힘을 잃고 서로마 제국과 동로마 제국으로 분열되었습니다.

● 로마 제국 북쪽　게르만족의 성장

　로마 제국이 번영을 누리고 있을 때 로마 제국 북쪽에서 게르만족이 성장하고 있었다. 게르만족은 원래 스칸디나비아 반도와 발트 해 연안 지역에 살면서 수렵 목축 생활을 했다. 키가 크고 파란눈에 붉은빛이 도는 금발이 특징인 게르만족은 농사를 짓기 시작하면서 기후가 따뜻한 남쪽으로 이동을 시작해 동남쪽으로는 흑해 연안, 서남쪽으로는 라인 강 유역까지 퍼져 나가 북게르만(덴마크인, 노르만인), 서게르만(앵글인, 색슨인, 프랑크인), 동게르만(동고트인, 서고트인, 반달인, 부르군트인)으로 갈라져 살았다. 이들은 땅의 영양분이 다해 곡식이 자라지 않으면 새로운 땅을 찾아 이동했기 때문에 부족들 사이에 땅의 경계가 분명하지 않았다. 여러 부족들은 싸움을 통해 스스로를 지켜야 했기 때문에 용맹한 전사로 단련되었고, 이들에게 전쟁은 일상생활이나 다름없었다.

● 로마 제국의 분열　동로마 제국과 서로마 제국

콘스탄티누스 황제

　로마는 라인 강와 다뉴브 강을 경계로 유럽 북쪽 땅을 게르마니아라고 부르고, 게르마니아에 사는 야만족을 게르만족이라고 불렀다. 로마와 게르만족이 맞붙은 것은 기원전 1세기 무렵 로마가 게르만족이 살던 땅을 빼앗으면서 시작되었다. 이때 게르만족은 북쪽으로 쫓겨갔다가, 3세기 이후 로마의 힘이 약해지자 로마 제국으로 들어와 재물을 빼앗아 가곤 했다. 이후 게르만족은 수백 년 동안 로마의 국경 지대에서 만나 서로 교류하면서 로마 문명을 배웠다. 이들 중 일부는 로마 군대에 들어가 용병으로 활동하기도 하고 로마의 농촌에서 일하기도 했다.

　이제 로마 제국은 외적의 침입과 내부 갈등으로 힘을 잃어가고 있었고, 이 즈음 황제가 된 콘스탄티누스 황제는 스스로 크리스트교도가 되어 313년 크리스트교를 공인하여 황제의 권한을 강화하고자 했다. 그는 기울어져 가는 로마를 부흥시키고자 수도를 로마에서 비잔티움으로 옮기고 이름을 콘스탄티노플로 바꿨다. 콘스탄티노플은 로마 제국의 새로운 수도로서 크리스트교의 중심지가 되었다. 이후 395년 테오도시우스 1세가 죽으면서 로마 제국을 두 아들에게 쪼개 주면서 로마 제국은 서로마 제국과 동로마 제국으로 분열되었다.

>> 1 로마 제국 북쪽에 살던 게르만족에 대해 알아봅시다.

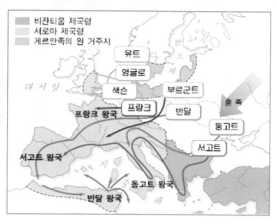 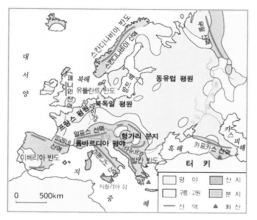

1 원래 게르만족이 살던 스칸디나비아 반도와 발트 해를 찾고 그 위치를 익혀 두세요.

2 게르만족이 남쪽으로 이동한 이유는 무엇인가요? 어디까지 진출했나요? 흑해와 라인 강을 찾고 그 위치를 익혀 두세요.

3 다음 낱말을 이용하여 게르만족의 생활 모습을 설명해 보세요.

목축   농경   이동 생활   전투

>> 2 북쪽에서 게르만족이 성장하고 있을 때 로마 제국의 상황을 살펴봅시다.

1 로마 제국과 게르만족의 경계인 두 강을 찾아보세요. 로마인들은 두 강의 북쪽 땅을 무엇이라고 불렀나요?

2 로마 제국의 콘스탄티누스 황제는 수도를 어디로 옮겼나요? 수도 이름을 콘스탄티노플로 바꾼 이유는 무엇일까요? 지도에서 수도를 찾아보세요.

3 로마 제국은 언제부터 동로마 제국과 서로마 제국으로 나뉘었나요?

게르만족의 이동으로 476년 서로마 제국이 멸망하면서 유럽은 고대가 끝나고 중세 시대로 접어들었습니다. 서로마 제국의 멸망 과정을 알아봅시다.

● 훈족의 이동(375) → 게르만족의 이동

훈족은 중앙아시아 초원에서 가축을 기르며 살던 몽골계 유목 민족으로 중국의 한나라 무제가 중앙아시아로 쫓아낸 흉노족으로 알려져 있다. 훈족은 4세기에 이동을 시작해 375년 흑해 연안에 있던 동고트족을 정복하고 서고트족을 압박해 게르만족의 대이동을 일으켰다.

● 게르만족의 이동 → 서로마 제국 멸망(476)

게르만족의 여러 부족들은 훈족을 피해 라인 강을 넘어 로마 땅으로 밀고 들어와 곳곳에 많은 왕국을 세웠다. 북아프리카 반달 왕국, 에스파냐 서고트 왕국, 이탈리아 동고트 왕국, 남프랑스 부르군트 왕국, 북프랑스 프랑크 왕국, 영국 앵글로색슨 왕국 등이다. 그리고 게르만족의 고향에 남아 있던 북게르만족도 스웨덴, 노르웨이, 덴마크 등 세 왕국을 세웠다. 결국 게르만 장군 오도아케르가 서로마 제국의 황제를 쫓아내고 이탈리아의 왕이 되면서 서로마 제국은 멸망했다(476). 야만족으로 불리던 게르만족이 서유럽의 새로운 주인이 되면서 유럽은 고대가 끝나고 중세 시대가 시작되었다.

>> **1** 훈족의 이동이 유럽에 끼친 영향을 살펴봅시다.

1 훈족이란 누구를 말하나요? 원래 어디에 살았나요?

2 다음 빈칸에 알맞은 낱말을 채우면서 훈족의 이동이 어떠한 결과를 낳았는지 설명해 보세요.

훈족	→		이동	→		멸망

≫ 2 게르만족이 로마 제국 안으로 들어온 후 로마 제국에 어떠한 변화가 생겼는지 살펴봅시다.

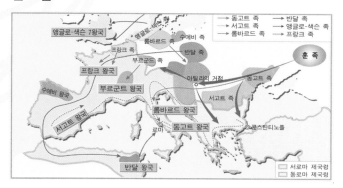 

1 로마 제국의 중심지 로마와 이탈리아 반도를 찾아보세요.

2 게르만족의 여러 부족이 로마로 들어와서 세운 왕국의 이름과 현재 어느 나라에 속해 있는지 찾아보세요.

게르만족	왕국 이름	현재 나라
동고트족		
서고트족		
앵글로색슨족		
롬바르드족		
프랑크족		
반달족		

3 서로마 제국의 마지막 황제는 누구한테 쫓겨났나요? 이후 서로마 제국은 어떻게 되었나요?

동로마 제국은 로마 문화를 이어받아 유스티니아누스 황제 때 전성기를 맞이하여 로마 문화에 동방 문화를 더해 독특한 비잔티움 문화를 꽃피웠습니다.

● 로마법 총정리   〈로마법 대전〉

서로마 제국은 멸망했지만, 동로마 제국은 굳건히 살아남아 로마 문화를 계승하고 동방 문화를 더해 비잔티움 문화라는 찬란한 문화를 꽃피웠다. 특히 6세기 중반 유스티니아누스 황제 때 옛 서로마 제국의 영토를 일부 되찾는 등 최고의 전성기를 이룬 동로마 제국은 당시 크리스트교 세계에서 가장 부유하고 문명이 발달한 나라였다. 동로마 제국은 원래 수도가 비잔티움이었기 때문에 비잔티움 제국이라고도 부른다. 유스티니아누스 황제는 로마 문명의 위대한 유산인 로마법을 총정리해서 〈로마법 대전〉을 펴내 로마의 영향력이 멀리 퍼지길 원했고, 이후 서양은 이 법전을 기초로 각 나라의 법전을 만들었다. 동로마 제국은 1453년 오스만 제국에 멸망당하기까지 1000여 년 동안이나 유지했다.

● 크리스트교의 영광   성 소피아 대성당

유스티니아누스는 537년 로마 제국과 크리스트교의 영광을 보여줄 위대한 건축물인 성 소피아 대성당을 지었다. 성 소피아 성당은 로마 시대의 건축 기술에 동방의 예술 기법을 결합한 대표적인 비잔티움 양식 건축물이다. 성당 중앙에는 하늘을 상징하는 거대한 돔이 있고, 벽면은 화려한 모자이크로 장식되어 있다. 성당 안으로 들어가면 금색은 거룩함, 빨강색은 그리스도의 피, 초록과 갈색은 겸손을 상징하는 화려한 모자이크가 눈부신 햇살에 반사되어 사람들에게 신비감을 준다. 10세기에 성 소피아 성당을 둘러본 키예프 공국의 블라디미르는 "우리가 천국에 있는지 지상에 있는지 모르겠다"고 말할 정도였다.

> **모자이크** : 대리석이나 돌, 유리조각 등으로 일정한 모양을 표현하는 예술. 옛 메소포타미아에서 기원. 그리스, 헬레니즘을 거쳐 고대 로마는 기법과 표현을 질적 양적으로 확대해서 비잔티움 시대 때 모자이크 예술은 최고의 절정기를 이룬다.

>> 1 동로마 제국을 왜 비잔티움 제국이라고 부르나요?

>> 2 유스티니아누스 황제가 〈로마법 대전〉을 펴낸 이유는 무엇인가요?

>> **3** 성 소피아 대성당과 작은 성소피아 대성당이란 불리는 '코라 교회'를 통해 비잔티움 문화의 특징을 살펴봅시다.

1 다음 사진에서 비잔티움 양식을 대표하는 돔을 찾아보세요.

로마

판테온

비잔티움

성 소피아 대성당   코라 교회

2 다음은 성당 안에 있는 모자이크화입니다. 유스티니아누스 황제와 콘스탄티누스 황제는 아기예수에게 무엇을 바치고 있나요?

유스티니아누스   콘스탄티누스

고대 로마 모자이크

3 비잔티움 양식으로 지어진 건축물의 내부를 살펴봅시다.

성 소피아 대성당

코라 교회

금색의 의미는 무엇일까요?

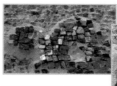

성 소피아 대성당에서 천사를 찾아보세요.

성당 안에 햇살이 비추도록 한 이유는 무엇일까요?

모자이크란 무엇인가요?   모자이크로 무엇을 만들었나요?

O4 프랑크 왕국의 성장

게르만족이 세운 여러 나라들 중 크리스트교를 가장 빨리 받아들인 프랑크 왕국
이 서유럽의 주인이 되어 중세 서유럽 문화를 이끌어 나갔습니다.

● 클로비스　크리스트교도가 되다

　한편 서로마에 세워진 게르만 왕국들은 어떻게 되었
을까? 대부분의 게르만 왕국들은 멸망하고, 프랑스 북
부 지역의 프랑크 왕국이 큰 나라로 성장하여 중세 서
유럽 세계를 이끌어 나갔다. 왜 프랑크 왕국만 성장할
수 있었을까? 프랑크 왕국이 크리스트교를 빨리 받아
들인 때문이다. 프랑크 왕국은 어떻게 크리스트교를
빨리 받아들일 수 있었을까?

　500년대 초 프랑크 왕국을 다스리던 클로비스 1세는
크리스트교를 믿는 클로틸드와 결혼했다. 클로틸드는 남편 클로비스를 크리스트교도로 개
종시키려고 설득했다. "사람을 죽이고, 적의 눈알을 뽑고, 혀를 잘라 내는 것은 죄입니다.
크리스트교에서는 그렇게 하면 안 된다고 가르칩니다." 클로틸드가 아무리 열심히 설득해
도 남편 클로비스는 크리스트교에 전혀 관심이 없었다. 그러던 어느 날 전투에 나가 패배할
위기에 처했을 때 클로비스의 머릿속에 클로틸드가 믿는 하나님이 생각났다. 클로비스는
간절하게 하나님에게 도와 달라고 기도했고, 기적처럼 전투에서 승리했다. 그후 클로비스
와 그를 따르는 병사 3,000명은 크리스트교도로 개종했다. 로마인들은 크게 환영하며 클로
비스의 프랑크 왕국을 도와주었다. 이렇게 프랑크 왕국은 크리스트교를 믿으면서 로마인들
의 지지를 받아 세력을 확장해 나갔다.

● 카롤루스 대제　서로마 제국의 황제가 되다

　771년 프랑크 왕국의 왕이 된 카롤루스는 활발한 정복 활동을 펼쳐 옛 서로마 제국의 영
토 대부분을 회복하고, 크리스트교를 열심히 퍼뜨렸다. 그러자 로마 교황은 800년 12월 25
일, 훌륭한 통치자라며 카롤루스 왕을 서로마 제국의 황제로 임명했다. 476년 서로마 제국
멸망 이후 정식으로 서로마 제국의 후계자가 된 것이며, 서유럽이 더는 동로마 제국의 황제
를 따르지 않겠다는 뜻이기도 했다.

　카롤루스 대제는 로마와 같은 도시를 만들기 위해 수도 아헨에 거대한 건축물과 학교와
도서관을 세우고, 학교에서는 그리스와 로마의 학문을 연구했다. 이제 서유럽 사람들은 자
신들을 진정한 로마 제국의 계승자라고 생각했다. 이때부터 프랑크 왕국은 크리스트교를
중심으로 로마 문화와 게르만 문화가 섞인 중세 서유럽 문화의 기틀을 마련하고 이끌어 나
갔다.

》 1 프랑크 왕국이 다른 게르만 왕국과 달리 큰 나라로 성장한 이유는 무엇인가요?

클로비스 1세 세례 장면

클로비스 1세

》 2 클로비스는 어떻게 크리스트교도가 되었나요? 그후 프랑크 왕국에는 어떠한 변화가 생겼나요?

》 3 다음 지도를 보고 카롤루스 대제 시기 프랑크 왕국의 영역에 대해 살펴봅시다.

1 카롤루스 대제가 정복한 땅을 찾아보세요.

2 프랑크 왕국의 수도 아헨을 찾아보세요.

3 로마 교황이 카롤루스를 서로마 제국의 황제로 임명한 까닭은 무엇인가요?

》 4 카롤루스 대제는 서로마 제국의 황제가 된 후 무슨 일을 했나요? 중세 서유럽 문화는 어떤 요소들이 합쳐져 만들어졌을까요?

카롤루스 대제

서로마 황제 대관식

학문의 중심지 아헨 궁전

중세 서유럽의 주인이 된 게르만족

다음 그림을 보고 게르만족이 로마 제국에 이어 서유럽의 새로운 주인공이 되는 과정을 설명해 보세요.

북유럽 게르만족

게르만족의 이동

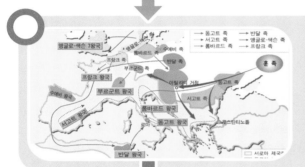

프랑크 왕국과 크리스트교

◀ 클로비스 1세 세례 장면

서로마 제국 황제

◀ 서로마 황제 대관식

2 이슬람 문화권

 학습목표

- 이슬람교의 성립 과정과 그 전파 과정을 이해한다.
- 이슬람 문화의 특징과 이슬람 문화권의 형성 과정을 이 해한다.

학습내용

01 이슬람교를 만든 무함마드
02 〈쿠란〉으로 통합된 이슬람 제국
03 이슬람 사원 속 이슬람 문화
04 세계로 뻗어가는 이슬람 문화

공부하고 지도에 표시하기

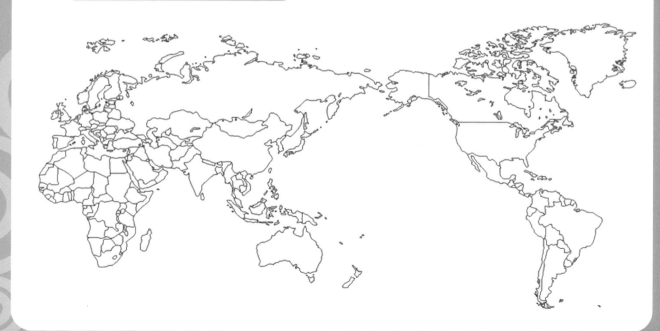

01 이슬람교를 만든 무함마드

570년 아라비아 반도의 메카에서 태어난 무함마드가 어떻게 이슬람교를 창시하게 되었는지 알아봅시다.

● 무함마드 　아라비아 반도 메카에서 태어나다

이슬람교를 창시한 무함마드는 570년 아라비아 반도의 메카에서 태어났다. 아라비아 반도는 세계에서 가장 큰 반도로 3분의 1 이상이 사막이어서, 사람들은 오아시스 부근에서 농사를 짓거나 장사를 하며 다양한 신을 믿으며 살았다. 당시 메카는 동서양을 이어 주는 국제 무역 도시로 번창하고 있었다.

● 무함마드 　이슬람 공동체 건설

무함마드는 어려서 부모님을 잃고 삼촌 밑에서 목동 일을 하며 지내다가 시리아 지방을 오가며 장사로 크게 돈을 벌었고, 15살이나 많은 부자 하디자와 결혼했다.

부자가 된 무함마드는 메카 근처의 히라 산에서 명상을 즐기곤 했다. 610년 9월 초승달이 뜬 밤, 명상에 빠진 무함마드에게 천사 가브리엘이 나타났다.

히라 산 동굴

"무함마드여, 그대는 알라를 전하는 사람이 되어라."

무함마드는 다신교와 우상을 믿는 사람들에게 알라만이 유일한 신이며 신 앞에 모두가 평등하다고 이야기했다. 귀족들은 무함마드를 위험한 사람으로 생각해 돌을 던져 죽이려고 했고, 622년 무함마드는 귀족들을 피해 메디나로 가 알라의 말씀을 정리하고 정치와 종교가 일치하는 이슬람 공동체를 만들어 힘을 키웠다. 9년 후 메카를 평화적으로 점령해 360개의 우상을 파괴하고 아라비아 반도를 통일하여 이슬람 공동체를 세웠다. 무함마드는 632년 건강이 악화되어 예루살렘의 바위 돔에서 숨을 거두었다.

>> **1** 다음 지도에서 무함마드가 탄생한 메카를 찾아보세요. 당시 메카는 어떠한 도시였나요?

>> **2** 다음 세 곳은 이슬람의 3대 성지입니다. 바르게 연결하면서 왜 이슬람의 성지라고 부르는지 설명해 보세요. 그리고 옆의 지도에서 각 지역을 찾아보세요.

메카의 카바

○○는 무하마드가 태어난 곳으로 이슬람에서 가장 신성한 도시이다. ○○의 중심 '○○'는 이슬람의 조상인 아브라함과 이스마엘이 주춧돌을 놓았다고 하는 건물로 금이 새겨진 검은 천이 덮여 있다. 이슬람교도들은 일생에 한 번 이곳으로 순례를 떠나야 한다.

메디나의 예언자 무덤

○○○는 무함마드가 메카의 귀족들을 피해 도망간 곳이다. ○○○로 간 것을 '헤지라'라고 하며 이슬람교의 시작으로 삼고 있다(622).

예루살렘의 바위돔 사원

○○○○은 옛 유대 왕국의 수도로, 이슬람교는 이 곳 바위 돔에서 무함마드가 하늘로 올라갔다고 믿는다. 돔 안에는 무함마드를 따라 하늘로 가지 못해 마치 공중에 떠 있는 것 같은 바위가 모셔져 있다. 바위 옆 탑 속에는 무함마드의 수염과 유물이 보관되어 있다.

>> **3** 다음 무함마드의 일생을 그린 그림들을 순서대로 바르게 나열하면서 무함마드의 일생을 이야기해 보세요.

02 〈쿠란〉으로 통합된 이슬람 제국

630년 무함마드가 세운 이슬람 공동체는 8세기에 이르러 대제국으로 발전했고, 무함마드의 말씀을 기록한 〈쿠란〉으로 통합되었습니다.

● 〈쿠란〉 무함마드의 말씀을 기록한 책

〈쿠란〉

632년 무함마드가 죽은 후 무함마드를 잇는 계승자 '칼리프'를 선출하고 무함마드가 알라에게 받은 계시와 알라에 대한 절대 복종과 선한 삶을 살라는 가르침을 기록한 책을 만들었다. 77700개의 단어를 11개의 장으로 나누어 기록한 이 책은 이슬람교의 성서이자 정치, 경제, 법률 책으로 책의 시작에 '쿠란' 즉 '읽어라' 라고 적혀 있어 '쿠란' 이라고 불렀다. 〈쿠란〉에는 무슬림이 반드시 지켜야 할 다섯 가지 의무가 적혀 있고, 신성한 무함마드의 얼굴을 그리거나 조각하는 것을 절대 금지하고, 돼지고기와 술을 먹지 못하도록 하고 있다. 이슬람교를 믿는 사람들(무슬림)은 〈쿠란〉에 따라 생활한다.

이슬람교는 각지로 퍼져 나가 북아프리카의 이집트, 유럽의 이베리아 반도와 아시아의 파미르 고원에까지 이르는 거대한 이슬람 제국을 형성했다. 이슬람 제국은 점령지에서 이슬람교를 강요하지 않고 종교의 자유를 인정했으며, 이슬람교를 믿으면 세금을 더 적게 내는 혜택을 주었다. 그래서 많은 사람들이 이슬람교로 개종했으며, 이슬람교는 급속히 퍼져 나가게 되었다.

≫ 1 이슬람교가 탄생한 메카를 찾고, 이슬람이 정복한 다음 지역을 찾아보세요.

아라비아 반도   중앙아시아   북아프리카   이베리아 반도

>> 2 이슬람 제국의 특징을 알아봅시다.

1 다음 낱말의 뜻을 바르게 연결하면서 이슬람 관련 낱말을 익혀 봅시다.

이슬람 •

알라 •

무슬림 •

아랍 •

• **1** 아랍어로 신(GOD)을 'AL-LLAH' 라고 한다.

• **2** 아랍어 'ISLAM' 은 '자발적으로 알라의 뜻과 명령에 순종한다' 는 뜻으로 알라를 믿는 종교이다.

• **3** 아랍어를 사용하고 이슬람을 국교로 정한 나라들을 말한다.

• **4** 신에게 복종하는 사람들이란 뜻으로, 이슬람을 믿는 사람들을 말한다

2 무슬림들은 무함마드의 가르침에 따라 생활합니다. 무함마드의 가르침을 기록한 책은 무엇일까요?

〈쿠란〉을 공부하는 무슬림

3 <쿠란>에 기록된 무슬림의 다섯 가지 의무는 무엇일까요? 무슬림들은 어떤 의무를 가장 중요시했을까요? 여러분은 어떤 의무가 가장 중요하다고 생각하나요?

신앙고백

알라 외 신은 없고, 무함마드는 알라의 예언자다.

예배

메카를 향해 매일 5번씩 기도한다.

성지순례

평생 한 번 이상 성지 메카를 순례한다.

헌금

수입의 일부를 공동체에 바친다.

금식

9월 한 달 동안 낮시간에 단식한다(라마단).

03 이슬람 사원 속 이슬람 문화

이슬람 제국 안에 있는 나라들은 모두 이슬람교도들이 예배를 드리는 모스크가 있습니다. 이슬람 사원 모스크에 대해 알아봅시다.

● 이슬람 사원 모스크

메카를 떠나 메디나로 온 무함마드는 메디나에서 집을 짓고 그 곳에서 예배를 드리고 사람들에게 신의 계시를 전했는데, 이것이 발전하여 이슬람교의 예배당인 모스크가 되었다. 예배는 매주 금요일에 드리는데, 모스크 광장 주변에 미나레트(뾰족하고 높은 첨탑)를 설치해 예배 시간이 되면 담당자는 미나레트에 올라가 큰 소리로 사람들에게 예배 시간을 알려 주었다.

이슬람교가 전파되면서 모스크 중앙에 평화를 상징하는 돔(둥근 지붕)으로 된 건물을 지었다. 지붕의 장식은 초승달 모양인데, 무함마드가 처음 천사 가브리엘에게 알라의 계시를 받을 때 샛별과 함께 초승달이 떠 있었고, 메디나로 떠나는 날 밤에도 초승달이 떠 있어 이슬람의 상징이 되었다. 현재도 이슬람교를 믿는 국가의 국기에는 별과 초승달이 그려져 있다.

》1 이슬람 사원인 모스크는 언제 어디에서 처음 생겨났나요?

》2 다음 사진 속에서 모스크를 이루는 구성물들의 이름을 써 보세요.

❶	❷
역할은 무엇일까?	어떤 의미를 가질까?

❸
초승달과 별이 이슬람의 상징이 된 이유는 무엇일까?

》3 다음 국기를 보고 이슬람 국가가 아닌 나라를 찾아보세요.

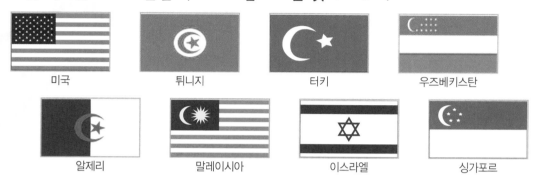

미국　　　　튀니지　　　　터키　　　　우즈베키스탄

알제리　　　　말레이시아　　　　이스라엘　　　　싱가포르

》4 이슬람 사원인 모스크 내부는 어떻게 되어 있을까요? 함께 살펴봅시다.

모스크 장식 – 아라베스크 무늬

　모스크 내부는 우상 숭배를 금지하기 때문에 신을 표현하는 조각이 없다. 대신 식물 모양이나 선, 도형, 꽃, 문자로 장식했는데, 이를 아라베스크 무늬라고 한다. 또 무한을 상징하는 원을 그려 알라가 무한하다는 것을 알려 준다.

❶ 모스크 내부를 아라베스크 무늬와 원으로 장식한 이유는 무엇인가요? 아라베스크 무늬와 원을 찾아보세요.

❷ 다음 아라베스크 무늬는 무엇을 그린 것인지 <보기>에서 찾아보세요.

보기　　식물　문자　꽃　도형　선

 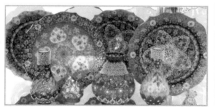 

이슬람 상인들은 비단길과 바닷길을 모두 장악하고 광대한 이슬람 제국의 곳곳을 누비며 활발한 상업 활동을 벌여 이슬람 문화를 전파했습니다.

이슬람 상인 이야기 신밧드의 모험

신밧드의 모험은 〈천일야화〉 이야기 가운데 133번째 이야기로 539일째 밤에 시작된다.

신밧드는 바다를 따라 총 7번의 모험을 떠난다. 매번 위험에 빠져 죽을 고비를 맞지만 환상적인 모험을 하게 된다. 첫번째 항해에서는 고래 등에 올라탄 줄도 모르고 모닥불을 피웠다가 고래가 깜짝 놀라 한바탕 난리를 피우고, 두 번째 항해에서는 거대한 새 로크를 이용해서 다이아몬드를 가져오고, 세 번째 항해에서는 외눈박이 거인과 커다란 뱀을 물리치기도 하고, 네 번째 항해에서는 시체와 함께 동굴에 갇혔다가 탈출하기도 한다. 다섯 번째 항해에서는 괴상한 노인으로부터 도망쳐서 원숭이 도시에 가게 되고, 여섯 번째 항해에서는 보석들로 빛나는 강 기슭을 발견하게 된다. 마지막 일곱 번째 항해에서 이교도를 만나 죽을 힘을 다해 도망쳐 나오는 것으로 27년 간의 모험을 마치게 된다.

신밧드라는 이름은 '인도의 바람' 이란 뜻으로 당시 바닷길을 중심으로 동서양을 오가던 이슬람 상인들을 말한다. 이슬람 상인들은 6세기 후반 아라비아 반도가 동서무역로의 중심지가 되면서 카라반(대상)을 조직해서 비단길을 따라 활동했다. 이슬람의 성장과 함께 이슬람 상인들은 한 무제가 개척한 비단길을 지배했고, 8세기 이슬람 제국이 확대되면서 바닷길을 개척해 아라비아 해를 넘어 동쪽으로 중국 · 신라 · 일본, 남쪽으로 동아프리카 지역까지 진출하였다.

카라반(대상) : 사막이나 초원과 같이 교통이 발달하지 않은 지방에서 낙타나 말에 짐을 싣고 떼를 지어 먼 곳으로 다니면서 물건을 교역하는 상인 집단

>> **1** 다음 지도를 통해 이슬람 상인들이 진출한 곳을 알아봅시다.

1 〈신밧드의 모험〉이 시작되는 아라비아 반도를 찾아보세요.

2 〈신밧드의 모험〉의 배경이 되는 교역로를 표시해 보세요. 바닷길일까요, 비단길일까요?

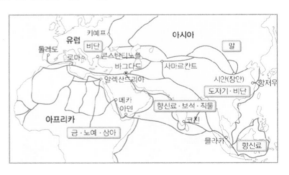

>> **2** 이슬람 상인들이 진출한 흔적은 한반도에도 남아 있습니다. 함께 살펴봅시다.

경주에 있는 통일(㉠) 원성왕의 무덤 괘릉을 지키는 무인상은 움푹 팬 눈, 높고 큰 코, 곱슬한 턱수염, 이슬람 모자 터번을 쓰고 허리에는 돈주머니를 차고 있어. 경주 용강동에서 발견된 흙인형도 (㉠) 귀족의 옷을 입고 있지만 괘릉 무인처럼 나와 같은 (㉡) 사람이야.

이슬람 지리학자 이븐 쿠르디지바가 쓴 <왕국과 도로총람>에는 "중국 맨 끝 맞은편에 산이 많고 왕들이 사는 곳 (㉠)는 황금이 많고 기후가 좋다"란 기록이 있어. 경주에 있는 무인상과 흙인형을 보면 당시 (㉠)가 (㉡) 상인들과 활발히 교류했다는 것을 알 수 있어.

1 두 사람의 대화에서 ㉠, ㉡에 들어갈 낱말은 무엇인가요?

2 경주에서 발굴된 무인상과 흙인형에서 이슬람 사람들의 특징을 찾아보세요.

이슬람 상인

괘릉 무인상　　무인상뒷모습

흙인형

>> **3** 이슬람 상인들이 진출한 지도와 이슬람교의 분포 지도를 비교해 보세요. 현재 이슬람교를 믿는 국가들을 찾아보세요.

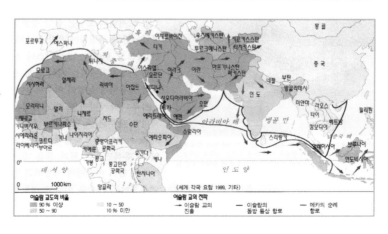

이슬람교의 사원 모스크

다음 사진은 이슬람교의 사원 모스크입니다. 모스크에서 다음 이슬람교의 특징을 찾아 표시하고, 그 의미를 설명해 보세요.

돔

미나레트

초승달과 별

아라베스크 무늬

3 인도·동남아시아 문화권

 학습목표

- 인도 북쪽에 이슬람교가 전파되면서 북인도와 남인도의 문화적 차이를 이해한다.
- 동남아시아 문화의 특징과 동남아시아 문화권의 형성 과정을 이해한다.

학습내용

01 인도에 들어온 이슬람교
02 지도로 보는 동남아시아
03 동남아시아로 전해진 불교
04 동남아시아로 전해진 힌두교

공부하고 지도에 표시하기

인도 문화의 황금기를 이끌었던 굽타 왕조가 멸망하고 여러 소왕국들이 각축을 벌이다 북인도엔 이슬람 왕국, 남인도엔 불교와 힌두교 왕국들이 들어섰습니다.

● 인도 북쪽(북인도) 이슬람 왕국

550년경 굽타 왕조가 멸망한 이후 인도는 여러 소왕국들이 들어서 서로 경쟁하고 있었다. 그런데 8세기경부터 이슬람 세력이 인도 북부를 자주 침입해 재물을 약탈해 갔다. 그러다가 10세기말 이슬람 세력은 아예 인도 북부 지역에 이슬람 왕국을 세우고 이슬람교를 전파했다. 이슬람 사람들은 인도를 '델리에 있는 술탄(아랍어로 통치자라는 뜻)이 다스리는 나라' 라고 부르며, 이슬람어(아랍어)와 이슬람 건축 양식을 인도에 전했다. 초기에 이슬람 왕국은 힌두교 신전을 파괴하고 힌두교를 금지하며 강제로 이슬람교로 개종시켰으나, 이후에는 엄격한 카스트 제도로 고통받던 하층민들 스스로 평등을 강조하는 이슬람교로 많이 개종했다. 이렇게 인도 북부 지역은 이슬람 문화가 급속히 퍼져 나갔다.

● 인도 남쪽(남인도) 불교와 힌두교 왕국

남인도의 여러 소왕국들은 바다와 가까운 지리적 위치 때문에 해외 무역으로 번성했다. 이들 왕국들은 동남아시아의 향신료와 목재, 중국의 비단과 종이 등을 사다가 서아시아와 유럽에 파는 중계 무역으로 많은 돈을 벌었다. 이렇게 경제적으로 여유가 생기자 전통 신앙을 믿었던 남인도 사람들은 문화와 예술에 관심을 가져 불교와 힌두교 사원을 많이 지었다. 남인도에서 발달한 불교와 힌두교 문화는 상인과 승려들을 통해 바다 건너 동남아시아로 전해져, 5세기 무렵 동남아시아의 거의 모든 지역에 인도 문화가 퍼져 나가 인도와 동남아시아는 점차 하나의 문화권으로 발전해 나갔다.

>> **1** 굽타 제국의 멸망 이후 인도의 모습을 살펴봅시다.

❶ 다음 북인도와 남인도의 중심지를 지도에서 찾아보세요.

북인도 : **갠지스 강**   남인도 : **데칸 고원**

❷ 인도의 종교적 변화를 설명해 보세요.

북인도 :   남인도 :

>> **2** 인도 북부 이슬람 왕국의 꾸듭 유적군을 통해 인도에 전파된 이슬람 문화를 살펴봅시다.

1 다음 사진에서 '꾸듭 미나르'와 '쿠와트 알 이슬람'을 찾고 그 역할을 써 보세요.

> **꾸듭 유적군**(Quth Complx) 1193-1197
> 인도 델리에 있는 '꾸듭 유적군'은 8세기부터 이슬람 세력이 인도를 침략한 이후 본격적으로 인도에 이슬람 문화가 전파되기 시작했다는 것을 알려준다. 꾸듭 유적군은 꾸듭 미나릭신의 지팡이 탑와 이슬람 사원인 '쿠와트 알 이슬람 모스크'(이슬람의 힘)가 있는 이슬람 유적이다. '쿠와트 알 이슬람'은 인도 최초의 이슬람 사원으로 인도 북부 지역을 점령한 이슬람 왕조가 힌두교에 대한 이슬람의 승리를 기념하기 위해 만든 사원이다. 힌두교 사원 27개를 허물고 거기서 나온 자재로 힌두교도인 인도 장인이 만들었다. 그래서 이슬람 건축물이지만 사원 곳곳의 조각들이 힌두교의 특징을 담고 있다.

> **꾸듭 미나르** _____

> **쿠와트 알 이슬람** _____

2 '쿠와트 알 이슬람'을 만든 이유는 무엇인가요?

3 다음 '꾸듭 유적군' 유적에서 이슬람교와 힌두교 양식을 구분해 보세요.

별   아랍어   조각상

02 지도로 보는 동남아시아

인도와 동남아시아의 지도를 보면서 동남아시아의 지리적 위치와 지형의 특징을 알아봅시다.

≫ 1 다음 지도를 보고 물음에 답하며 인도와 동남아시아의 지형을 익혀 봅시다.

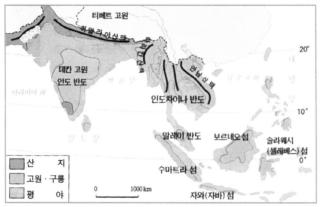

1 다음 지역을 지도에서 찾아 표시하며 그 위치를 알아 둡시다.

> 보기
> 인더스 강   데칸 고원   히말라야 산맥   인도양   벵골만
> 아라칸 산맥   안남 산맥   메콩 강   남중국해   태평양

2 동남아시아를 이루는 반도와 섬을 지도에서 찾아 써 보세요.

동남아시아는 인도차이나 반도와 그 남동쪽에 분포하는 말레이 제도로 구성되며 베트남, 라오스, 캄보디아, 타이, 미얀마, 말레이시아, 싱가포르, 인도네시아, 필리핀, 브루나이 등이 포함된다.

 반도

 섬

----

3 동남아시아의 기후는 어떠한가요? 다음 지도에서 동남아시아를 찾아보세요.

아시아 기후 지도 ▶

>> **2** 과거 동남아시아 왕국들은 현재 어느 국가인가요?

과거 동남아시아 왕국	현재 동남아시아 국가
파간	
수코타이	
앙코르	
스리위자야	
대월, 참파	

동남아시아 왕국들

>> **3** 인도차이나 반도, 말레이 반도(대륙)와 말레이 제도(섬)에 속한 국가들을 구분하고, 각 국가의 수도를 옆의 지도에서 찾아 써 보세요.

필리핀

베트남

미얀마

캄보디아

브루나이

싱가포르

타이(태국)

라오스

인도네시아

말레이시아

> 말레이 반도와 말레이 제도에 모두 속하는 나라는?

| 반도 (半-반 반, 島-섬 도) : 삼면이 바다로 둘러싸이고 한 면은 육지에 이어진 땅
| 제도 (諸-모든 제, 島-섬 도) : 모든 섬 또는 여러 섬. 어떤 해역에 흩어져 있는 많은 섬을 통틀어 이르는 말

>> **4** 동남아시아는 인더스 문명과 황하 문명을 일군 두 국가 사이에 위치해 있습니다. 두 나라는 어느 나라일까요?

03 동남아시아로 전해진 불교

인도에서 탄생한 불교가 동남아시아에 전해진 과정과 동남아시아에 남아 있는
불교 유적에 대해 알아봅시다.

● 동남아시아   불교가 전파되다!

100~400년 사이 인도와 중국의 수도승(승려)들이 인도차이나 반도에 불교를 전파했고,
그 이후에는 인도, 중국과의 해상교역이 활발해지면서 상인들이 수마트라와 자와 섬까지
불교를 전파했다. 불교의 자비와 살생 금지는 하층민들에게 정신적인 위안을 주어 불교는
널리 퍼져 나가게 되었다.

● 수수께끼의 불교 사원   보로부두르 사원

1814년 인도네시아 자와를 지배하던 영국 총독 토머스 스탠퍼드 래플스는 밀림에서 세계
에서 가장 큰 불교 사원을 발견했다. 언덕 위에 자리 잡은 사원이라 보로부두르라 이름붙였
지만 누가, 어떻게 만들었는지는 정확히 밝혀지지 않았다. 다만 8세기 중엽에 들어선 불교 국
가 샤일렌드라 왕국이 약 70여 년에 걸쳐 지은 것으로 추측하며 다음과 같은 전설이 전해진다.

> 8세기 인도네시아 자와 섬을 다스리던 샤일렌드라 왕국에는 아름다운 공주가 있었다.
> 이웃나라 왕자는 공주와 결혼하고 싶어 끈질기게 따라다녔지만 공주는 왕자를 마음에 들
> 어 하지 않았다.
> "당신이 하루 만에 1000개의 불상을 만들어 세워 놓으면, 당신과 결혼하겠어요."
> 날이 밝기 전에 불상 1000개를 만드는 것은 불가능했지만 왕자는 포기할 수 없었다. 결
> 국 왕자는 악마의 힘을 빌려 죄 없는 사람들을 불상으로 만들어 세워 놓았다. 997, 998,
> 999…… 날은 점점 밝아 오고 공주는 초조하게 그 광경을 바라보다 닭을 깨워 빨리 아침
> 이 오도록 했다. 닭이 우는 순간 하루는 끝이 나고, 공주는 왕자가 실패했으니 결혼할 수
> 없다고 우겼다. 공주가 일부러 닭을 깨운 것을 알고 있는 왕자는 화가 나 공주에게 마법을
> 걸어 공주를 1000번째 불상으로 바꾸어 버렸다.

총 9층인 보로부두르 사원은 이중 기단 위에 네모형 5층, 둥근형 3층을 쌓은 후 그 위에 504
개의 불상과 불상이 들어 있는 72개의 둥근 모양 탑을 세우고 가장 중앙에 부처를 상징하는
커다란 불탑을 모셨다. 보로부두르 사원에는 부처의 탄생과 가르침을 조각한 1460여 개의 조
각이 있다. 조각은 불교의 지혜를 상징하기 때문에 사람들은 조각을 보며 계단을 오를 때마
다 좀더 높은 정신세계에 간다고 여겼다. 현재 보로부두르 사원은 유네스코 세계문화유산으
로 지정되었다.

>> **1** 동남아시아에 불교를 전파한 두 나라는 어느 나라인가요?

불교는 어느 나라에서 발생했지?

>> **2** 인도네시아의 유명한 불교 유적인 보로부두르 사원을 살펴봅시다.

이 사람은 무엇을 하고 있나요?

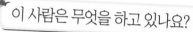

보리수 나무 아래 부처를 찾아보세요.

조각을 통해 알 수 있는 것은?

탑은 어떤 모양인가요?

탑 안에는 무엇이 있나요?

목 없는 부처를 찾아보세요. 왜 목이 없을까요?

04 동남아시아로 전해진 힌두교

인도에서 탄생한 힌두교가 동남아시아에 전해진 과정과 동남아시아에 남아 있는 힌두교 유적에 대해 알아봅시다.

● 동남아시아　힌두교가 전파되다!

600년 무렵, 인도의 상인과 승려들은 동남아시아에 본격적으로 힌두교를 전파하기 시작해 600년에서 1400년 사이에 미얀마(버마), 태국, 캄보디아, 라오스, 말레이시아, 인도네시아의 많은 지역에 힌두교 소왕국이 생겼다. 현재 말레이시아와 인도네시아는 이슬람교를 믿지만 힌두교의 세계관이 남아 있고, 인도네시아의 발리 섬은 힌두교 공동체를 이루고 있다.

| 힌두교 세계관 : 지금 살고 있는 현실이 중요하지 않고 전생에 따라 삶이 결정된다.

● 힌두교 사원　앙코르 와트에 가다!

크메르족은 9세기에 앙코르를 수도로 삼아 앙코르 왕국을 세웠다. 큰 강과 호수가 많은 앙코르 왕국은 저수지를 만들어 물을 잘 다스려 농사가 잘되고 경제적 안정을 누리며 강력한 왕국으로 성장했다.

12세기 초 강력한 왕권을 가진 수리아바르만 2세는 자신의 무덤이자 비슈누 신을 위한 사원 앙코르 와트를 지었다. 앙코르는 크메르어로 수도, 와트는 타이어로 사원이라는 뜻으로 '수도에 세운 사원'이란 뜻이다. 인도에서 죽음을 상징하는 서쪽에 사원의 출입구가 있어 왕의 무덤임을 알려 준다. 앙코르 왕국은 15세기 초 타이에게 멸망하고, 앙코르 와트는 죽음의 사원으로 불리며 밀림 속에 묻혀 있다가 1858년 프랑스 식물학자 앙리 무오 덕분에 세상에 알려지게 되었다.

>> **1** 힌두교를 믿는 앙코르 왕국은 현재 어느 나라인가요?

① 이름 : (　　　　) ② 수도 : 프놈펜
③ 민족 : (　　　　) ④ 면적 : 181,035㎢(세계90위)
⑤ 인구 : 1520만 명(세계68위)　⑥ 종교 : 불교 95%

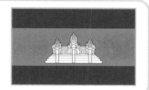

>> **2** '캄보디아에 간다' 는 말은 곧 '앙코르 와트' 에 간다는 뜻입니다. 캄보디아를 대표하는 유적 앙코르 와트에서 힌두교의 세계관을 살펴봅시다.

앙코르 와트는 힌두교 세계관을 잘 표현한 사원이다. 힌두교에서는 세계의 중심에 가장 높은 산 메루산이 있고, 그 주위에 7개의 산맥이 있고, 큰 바다가 산맥을 둘러싸고 있다고 믿고 있다. 앙코르 와트의 중앙 성소에 있는 중앙탑이 메루산이고, 1, 2 회랑은 산맥이 된다. 위에 보이는 해자는 바다가 되어 신의 세계와 인간의 세계를 나눈다.

1 앙코르 와트에 표현된 힌두교 세계관을 찾아보세요.

- 세계의 중심에 있는 가장 높은 산이자 히말라야 봉우리를 상징하는 **메루 산**

- 메루 산을 둘러싸고 있는 **산맥**

- 신의 세계와 인간의 세계를 나누는 **바다**

- 해탈한 사람들이 신을 만나는 **천국** 과 마귀들이 싸우는 **지옥**

2 다음 조각들을 통해 알 수 있는 앙코르 왕국의 특징은 무엇인가요?

물의 정령인 신성한 뱀 '나가' 의 머리는 모두 몇 개인가요?

나가는 무엇을 지키고 있을까요?

천상의 여신이자 물의 정령인 '압사라' 의 공통점은?

코끼리를 탄 크메르족과 포로들을 찾아보세요.

동남아시아 지도 완성하기

다음 동남아시아 백지도에 아래의 지도를 보고 동남아시아 국가들을 표시해 보세요.

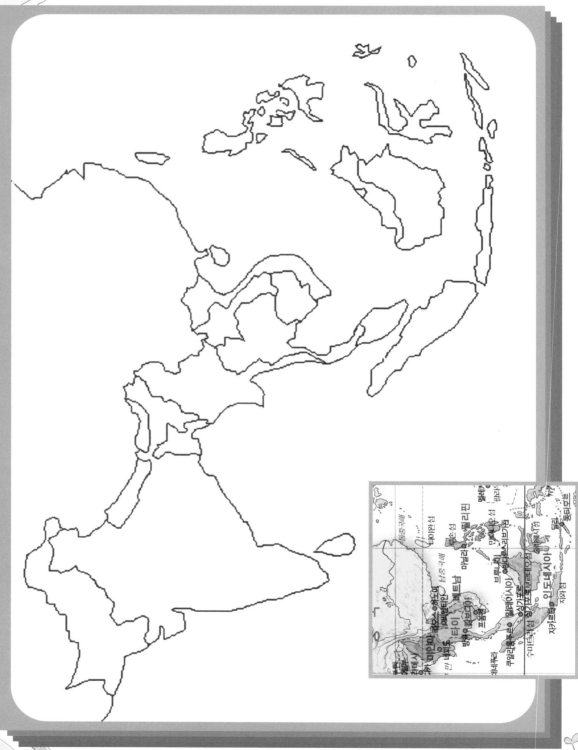

4 중국·동아시아 문화권

학습목표

- 중국의 위진남북조 시대와 수·당 시대의 문화의 성격을 이해한다.
- 동아시아 문화의 특징과 동아시아 문화권의 형성 과정을 이해한다.

학습내용

01 불교가 전파된 위진남북조 시대
02 동아시아의 중심 수·당
03 동아시아 문화권 형성
04 교류를 통해 성장하는 한국과 일본

공부하고 지도에 표시하기

한족과 유목 민족이 남북으로 나뉘어 중국을 다스리던 위진남북조 시대 (221~587)에 불교가 적극적으로 전파된 이유를 알아봅시다.

한족과 유목 민족 (남조와 북조)

한나라는 220년 각지에서 반란이 일어나 멸망하고 위, 촉, 오의 삼국 시대가 열렸다. 진·한 시기 한족은 만리 장성을 쌓아 북방 유목 민족의 침입을 막았지만, 유목 민족은 끊임없이 중국을 침입하여 중국 북쪽 지역을 차지하고 황하 유역에 5개 부족이 16개 나라를 세웠다. 그래서 5호 16국 시대라고 부른다. 유목 민족인 북위가 5호 16국을 통일하자, 한족은 남쪽으로 쫓겨 내려가 동진을 세우고 송, 제, 양, 진으로 이어졌다. 이들 한족은 뛰어난 농사 기술로 낙후된 양쯔 강 지역을 개발했다. 남쪽 한족 국가를 남조, 북쪽 유목 민족 국가를 북조라 부르며, 위·촉·오의 삼국 시대부터 남북조 시대까지 360여 년 간의 혼란과 분열의 시기를 위진남북조 시대라고 부른다.

위진남북조 시대 (불교가 전파되다!)

한나라 때 비단길을 통해 들어온 불교는 위진남북조 시대 때 중국의 대중 종교가 되었다. 전쟁에 지친 백성들한테 마음의 평안을 주었기 때문이다. 4세기 북조의 황제들은 부처의 힘을 빌려 유목 민족과 한족의 통합을 이루기 위해 불교를 적극 장려했고, 남조의 귀족들도 전쟁에 지친 백성들의 마음을 얻기 위해 불교를 장려해 불교는 유교를 밀어내고 대중적 종교로 자리잡았다. 불교는 중국 민간 신앙, 노장 사상과 만나 불로장생을 기원하는 도교 탄생에 영향을 주었고, 인도 상인들이 가져온 조각상이나 그림의 영향을 받아 화려한 불상과 그림 등의 불교 문화를 꽃피웠다.

>> **1** 도표에서 다음 나라를 찾아 동그라미하고, 왜 위진남북조 시대라고 부르는지 설명해 보세요.

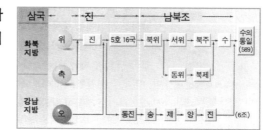

>> **2** 황하와 양쯔 강을 중심으로 세워진 각 국가의 특징을 <보기>에서 찾아 쓰세요.

만리장성을 옆의 지도에서 찾아보세요.

보기 유목국가   한족국가   강남개발   농경·유목 융합 정책   북방침입   농사

황하 ← 북 조   양쯔강 ← 남 조

>> **3** 남북조 시대 때 중국에 널리 퍼진 불교에 대해 알아봅시다.

1 불교는 중국에 언제 전해졌나요?

2 불교는 중국에서 어느 시기 때 대중적인 종교가 되었나요? 왜 그렇게 될 수 있었나요?

3 남북조 시대부터 1000여 년에 걸쳐 지어진 세계에서 가장 큰 석굴 사원(1000여 개의 석굴)인 둔황 막고굴을 살펴봅시다.

275 석굴

428 석굴

275 석굴

◀삼국시대 반가사유상

 불상에 화려한 색칠이 되어 있는 이유는?

 200번 이상 시주를 해 부처님 옆에 그려진 사람들과 제자들을 찾아보세요.

부처님의 자세를 설명해 보세요. 이런 자세를 한 불상을 무엇이라 부르나요?

02 동아시아의 중심 – 수·당

400년 가까이 분열된 중국을 통일하고 국제적인 문화를 탄생시킨 수·당을 모습을 알아봅시다.

● 수·당나라의 수도 | 국제 도시 장안

589년 수나라는 남조와 북조로 분열된 중국을 통일하고, 중국의 남북을 연결하는 대운하를 건설하여 남북으로 나누어진 중국을 진정으로 통일했다. 하지만 수나라는 무리한 고구려 원정으로 국력이 쇠약해져 38년 만에 멸망했다.

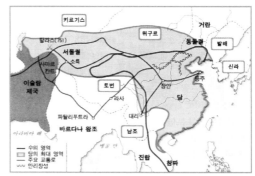

618년 수를 멸망시킨 이연은 당나라를 세웠다. 당나라는 수나라가 완성한 대운하를 이용해 경제력이 풍부한 강남과 군사 중심지인 화북의 문화를 합쳐 새로운 당나라 문화를 탄생시켰다. 당나라 수도 장안은 북조 유목 민족의 문화와 남조의 화려한 귀족 문화가 섞이고, 비단길을 통해 서역에서 들어온 국제 문화가 더해져 세계 최대 규모인 인구 100만의 도시로 번창했다. 각국의 사신, 신라·발해·일본의 유학생, 돌궐·거란·위구르의 무사, 중앙아시아의 화가·음악가, 인도·이슬람 상인들이 장안으로 모여들어 자신들의 문화를 전파하고 당나라의 문화를 자기 나라에 전파했다. 장안은 당나라의 수도이자 세계적인 외교, 경제, 문화의 중심지인 국제 도시였다.

>> **1** 지도를 통해 수·당의 모습을 살펴봅시다.

1 위의 지도에서 수나라와 당나라의 영토를 표시하고 두 나라의 수도 장안을 찾아보세요.

2 수나라가 만든 대운하를 지도에서 찾아 경제 중심지 강남과 군사 중심지 화북을 연결해 보세요. 대운하는 어떤 도움을 주었을까요?

3 수나라와 당나라 시기 한반도는 어느 시대였을까요?

 수

 당

>> **2** 국제 도시 장안에서 이루어진 문화의 교류를 살펴봅시다.

1 당나라는 당삼채로 무엇을 만들었나요?

2 당나라가 서역과 교류한 것을 알 수 있는 당삼채를 찾아보세요.

당의 무덤에서는 부장품인 도자기 인형이 많이 발굴되었다. 약간 붉은색이 감도는 백토 표면에 녹색, 황색, 갈색을 섞어 중국 전통 기법으로 구운 도자기 인형을 당삼채라고 한다. 인물상, 무덤을 지키는 말, 낙타, 사자, 개, 생활용품, 항아리, 쟁반, 서역인, 서역 악기 등을 당삼채로 만들었다.

3 로마인이 입은 비단은 어느 나라 옷인가요?

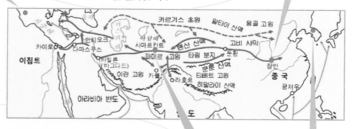

고구려 사신이 사마르칸트를 다녀간 후 661년 고구려와 당나라의 전쟁 중 돌궐이 당을 공격했다.

4 중앙아시아 우즈베키스탄 아프라시압 궁전 벽화에 등장하는 고구려 사신을 찾아보세요.

아프라시압 궁전 벽화 ▶

5 신라의 수도 경주에 로마 양식의 물건이 발견되는 이유는 무엇인가요?

당삼채 호루라기   유리그릇과 보검(로마양식)

03 동아시아 문화권 형성

당나라 시기에 형성된 동아시아 문화권의 특징과 현재 동아시아 국가들에 대해 알아봅시다.

● 동아시아 문화권

　7세기 당을 중심으로 발해, 신라, 베트남, 일본 사람들은 활발한 교류를 하여 중국 문화는 아시아 여러 나라에 영향을 주었다. 중국의 유학과 율령 그리고 불교는 도덕을 강조하는 사회 운영 원리, 왕을 중심으로 한 통치 체제, 왕의 권위를 높이고 백성에게 위안을 주는 새로운 종교로 동아시아 국가들의 사회, 정치, 종교의 중심이 되었다. 한자는 당나라의 유교, 불교, 율령을 다른 나라에 전파하는 데 가장 큰 역할을 했다. 나라마다 서로 말은 달랐지만 지식인들은 한자를 읽고 쓸 줄 알아 자신의 생각을 표현하거나 법률, 문학, 역사를 기록하는 수단이 되었다.

>> **1** 동아시아 문화권에 속하는 국가들의 모습을 살펴봅시다.

1 지도에서 동아시아 문화권의 나라들을 찾고 공통점을 말해 보세요.

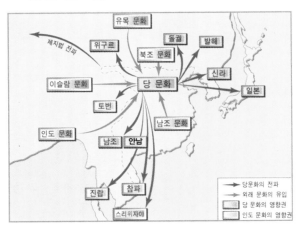

2 안남이라 불리며 중국 남쪽에 위치해 기원전 3세기부터 11세기까지 중국의 지배와 독립을 반복하던, 동남아시아에서 유일한 유교 문화권의 나라는?

3 당의 율령과 유학을 중심으로 한 정치제도의 영향을 받아 3성 6부를 만들어 정치 체제를 안정시킨 해동성국이라 불리었던 나라는?

4 한반도에서 불교가 전해져 불교 문화인 아스카 문화를 꽃피운 나라는?

>> **2** 동아시아의 문화권의 과거와 현재를 살펴봅시다.

1 아시아 기후 지도에서 동아시아를 찾아 보세요.

아시아 기후 지도▶

2 과거 동아시아 문화권에 속하는 나라들은 현재 어느 국가일까요?

동아시아 문화권	현재 국가
당	
발해, 신라	
왜	
위구르, 돌궐	
참파	

3 현재 동아시아 문화권에 속하는 나라들에 대해 알아봅시다.

베트남이 동아시아 국가에 속하지 못하는 이유는?

현대에 하나의 민족이 둘로 나누어진 나라는?

동아시아 국가들의 공통점이 아닌 것은?

한자   젓가락   벼농사   불교

유교   이슬람교   목축   한족

04 교류를 통해 성장하는 한국과 일본

고대부터 중국의 영향을 받아 문화를 발전시켜 온 동아시아 문화권을 이루는 한국과 일본에 대해 알아봅시다.

>> **1** 중국 위진남북조와 수·당 시대에 한반도의 상황을 알아봅시다.

1 삼국 시대 삼국의 수도와 전성기를 이룬 왕을 쓰세요.

나라	수도	전성기 왕

2 삼국 중 수·당과 전쟁을 벌인 나라는?

3 고구려, 백제, 신라가 중국으로부터 전해 받은 것과 일본에 전해 준 것을 쓰세요.

 중국   한국   일본

>> 2 일본의 구다라관음상과 백제의 서산마애불의 닮은 점을 말해 보세요.

쇼토쿠 태자가 지은 아스카 문화를 대표하는 호류지(법륭사)는 일본 최초로 세계문화유산에 등록되었다. 호류지에 소장된 1500여 점의 불교 미술품과 문화재 중 동양의 비너스 '구다라(백제)관음상'은 녹나무 하나를 통째로 깎아 만든 것이다. 높이가 209.4cm 불상으로 오직 7세기 백제 장인만이 만들 수 있는 기술이다.

보관   얼굴 모습

콧등

콧망울   미소
(입꼬리 모양)

일본 구다라관음상   백제 서산마애불

>> 3 일본 나라 시대 왕실의 보물창고인 쇼쇼인에 있는 문화유산을 살펴봅시다.

나라 시대(710~793년)를 대표하는 쇼쇼인은 교묘황후가 남편 쇼무천황의 명복을 빌기 위하여, 평소 애용하던 600여 종의 물품을 동대사에 헌납해 만들어진 왕실 보물 창고이다. 현재 약 8천여 점에 달하는 일본, 한국, 중국, 중앙아시아, 인도 등에서 만들어진 물품을 소장하고 있어 일본이 당시 적극적으로 국제 교류를 한 것을 알 수 있다.

일본   당나라

조몬입녀병풍 : 당나라미인도

일본   신라

청동가위 : 안압지 가위

일본
신라

신라금 : 신라 토기장식

나라 시대 일본은 주로 어느 나라와 교류했나요?

쇼쇼인에 있는 보물과 당·신라 유물들을 비교해 보세요.

다양한 문화권의 형성

고대 통일제국 해체 후 공통의 역사적 경험과 문화를 형성한 4개의 문화권을 세계지도에 표시하고, 각 문화권에 대해 알고 있는 내용을 발표해 보세요.

① 유럽 문화권

② 이슬람 문화권

③ 인도 · 동남아시아 문화권

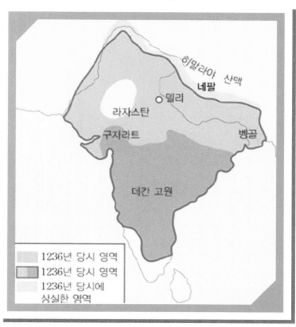

④ 중국 · 동아시아 문화권

세계 여행 계획 세우기

세계사 여행 5호에서 배운 내용을 기초로 세계여행 계획을 세우고,
세계지도에 가고 싶은 곳을 표시해 보세요.

출발~~

▶ 여행 시기 :　　　　　　　　년　　　　　월　　　　　일

▶ 여행 동반자 :

▶ 여행 준비물 :

▶ 보고 싶은 것 :

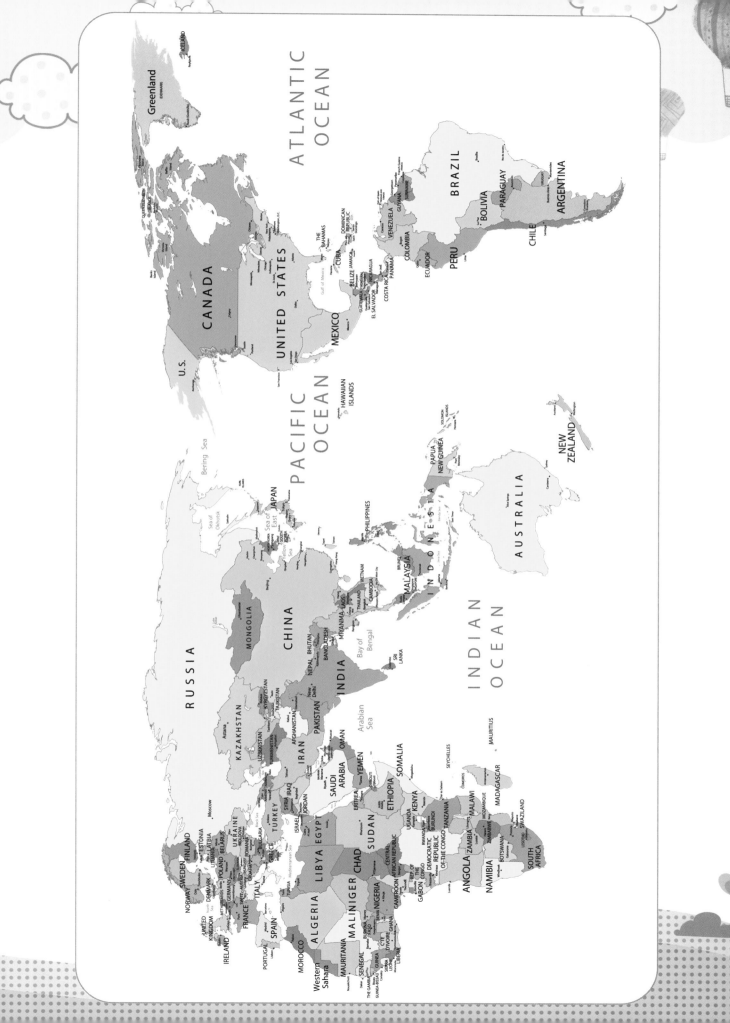

MEMO(알림장)

1차시 유럽 문화권 3쪽~

01. 게르만족의 성장

1. **1** 오른쪽 지도 위쪽에서 스칸디나비아 반도와 발트 해를 찾아본다.
   2 농사를 짓기 시작하면서 기후가 따뜻한 남쪽으로 이동했다. / 흑해 연안, 라인 강 유역 / 오른쪽 지도에서 흑해와 라인 강을 찾아본다.
   3 목축 – 수렵, 목축 생활
   농경 – 땅의 영양분에 의지한 농사
   이동생활 – 농사지을 땅을 찾아 이동
   전투 – 부족 간의 전쟁으로 용맹한 전사로 단련
2. **1** 라인 강, 다뉴브 강 / 게르마니아
   2 비잔티움 / 콘스탄티누스 황제의 이름을 따라 콘스탄티노플이라 지었다. / 지도에서 흑해 아래에 있는 콘스탄티노플을 찾아본다.
   3 테오도시우스 1세가 죽은 395년

02. 게르만족의 대이동

1. **1** 몽골계 유목 민족 또는 흉노족 / 중앙아시아 초원
   2 게르만족 이동 → 서로마 제국 멸망
2. **1** 지도 중앙에 위치한 이탈리아 반도와 로마를 찾아본다.
   2 동고트 왕국 – 이탈리아 / 서고트 왕국 – 에스파냐 / 앵글로 색슨 7왕국 – 영국 / 롬바르드 왕국 – 이탈리아 / 프랑크 왕국 – 북프랑스 / 반달 왕국 – 튀니지
3. 오도아케르 / 476년 서로마 제국은 멸망했다.

03. 동로마 제국(비잔티움 제국)

1. 동로마 제국 수도 콘스탄티노플의 원래 이름이 비잔티움이기 때문에
2. 로마 문명의 위대한 유산인 로마법을 정리해 로마의 영향력이 멀리 퍼지게 하고 싶어서
3. **1** 성 소피아 대성당과 코라 교회의 둥근 지붕을 표시한다.
   2 유스티니아누스 황제 – 성 소피아 대성당 / 콘스탄티누스 황제 – 콘스탄티노플
   3 거룩함 / 성 소피아 대성당 천장 양 옆에 천사를 찾아본다. / 사람들에게 신비감을 주기 위해서 / 대리석이나 돌, 유리조각 등으로 일정한 모양을 표현하는 예술 / 크리스트교의 성모마리아, 예수, 성인들

04. 프랑크 왕국의 성장

1. 크리스트교로 개종했기 때문에
2. 전투에서 패배할 위기해 처했을 때 아내 클로틸드가 믿는 하나님께 기도한 후 기적처럼 승리해 크리스트교로 개종했다. / 로마인들의 지지를 받아 세력을 확장해 나갔다.
3. **1** 지도에서 카롤루스 대제가 정복한 땅을 찾아본다.
   2 프랑크 왕국 북쪽에 있는 아헨을 찾아본다.

3 카롤루스 대제가 서로마 제국 영토 대부분을 차지하고, 크리스트교를 열심히 퍼뜨리고 학교를 세워 그리스 로마 문화를 연구했다. / 크리스트교 + 로마 문화 + 게르만 문화

2차시 이슬람 문화권 13쪽~

01. 이슬람교를 만든 무함마드

1. 지도에서 아라비아 반도에 있는 메카를 찾아본다. / 당시 메카는 동서양을 이어주는 국제 무역 도시로 번성했다.
2. **2** 메카, 메카, 카바, 무함마드가 탄생한 곳이자 이슬람의 조상 아브라함이 주춧돌을 놓은 곳이기 때문에 / **3** 메디나, 이슬람교가 시작된 곳이기 때문에 / **1** 예루살렘, 무함마드가 바위돔 사원에서 하늘로 올라갔다고 믿기 때문에
3. ⑤ → ① → ② → ③ → ④ / 무함마드는 메카에서 태어나 상인으로 성공한 뒤 히라 산 동굴에서 알라의 계시를 받았다. 그 후 사람들에게 알라의 말씀을 전하다 귀족들의 미움을 사기도 했지만 메디나에서 힘을 키워 이슬람교를 탄생시키고 예루살렘 바위돔에서 하늘로 올라갔다.

02. <쿠란>으로 통합된 이슬람 제국

1. 지도 가장 오른쪽 중앙아시아 → 아라비아 반도 → 북아프리카 → 이베리아 반도를 찾아본다.
2. **1** 이슬람 – **2** / 알라 – **1** /
   무슬림 – **4** / 아랍 – **3**
   2 <쿠란>
   3 신앙고백, 예배, 성지순례, 헌금, 금식 / 유일신 알라에 대한 신앙고백/ 자신을 생각을 자유롭게 써 본다.

03. 이슬람 사원 속 이슬람 문화

1. 무함마드가 메디나로 왔을 때 메디나 무함마드의 집에서
2. **1** 미나레트 – 예배 시간을 알려준다.
   2 돔 지붕 – 평화를 상징한다.
   3 초승달 모양 – 무함마드가 처음 알라의 계시를 받을 때 샛별과 초승달이 떠 있었고, 메디나로 떠나는 날 밤에도 초승달이 떠 있었기 때문에
3. 미국, 이스라엘
4. **1** 이슬람교는 우상 숭배를 금지하기 때문에 신을 표현하는 조각 대신 선과 도형 등으로 모스크를 장식했다. / 사진 속에서 식물, 도형, 꽃, 문자, 원을 찾아본다.
   2 사진에서 식물, 꽃, 도형, 선을 찾아본다.

04. 세계로 뻗어가는 이슬람 문화

1. **1** 지도 중앙에서 아라비아 반도를 찾아본다.
   2 지도에 아라비아 반도에서 인도, 동남아시아, 중국, 아프리카로 가는 바닷길을 표시한다. / 바닷길

2. **1** ㉠ 신라 ㉡ 이슬람
2 움푹 팬 눈, 높고 큰 코, 곱슬한 턱수염, 이슬람 모자 터번, 돈주머니
3 지도에서 북부·동부아프리카, 서·중앙·동남 아시아 지역에 이슬람교를 믿는 국가들을 표시한다.

3차시 인도·동남아시아 문화권 23쪽~

01. 인도에 들어온 이슬람교

1. **1** 지도 북쪽 갠지스 강과 남쪽 데칸 고원을 찾아본다.
2 북인도 : 힌두교 → 이슬람교 /
남인도 : 민간 신앙 → 힌두교, 불교
2. **1** 탑 / 이슬람 사원
2 인도 북부 지역을 점령한 이슬람 왕조가 힌두교에 대한 이슬람의 승리를 기념하기 위해서
3 왼쪽부터 힌두교, 이슬람교, 힌두교, 이슬람교

02. 지도로 보는 동남아시아

1. **1** 지도에서 동남아시아를 대표하는 강과 산맥을 찾아본다.
2 반도 : 인도차이나 반도, 말레이 반도 / 섬 : 수마트라 섬, 자와 섬, 보르네오 섬, 술라웨시 섬, 루손 섬, 민다나오 섬
3 **4** 열대기후
2. 파간 – 미얀마 / 수코타이 – 타이(태국) /앙코르 – 캄보디아, 말레이시아/ 스리위자야 – 인도네시아 / 대월, 참파 – 베트남
3. 필리핀 – 마닐라 / 베트남 – 하노이 / 미얀마 – 네피도 / 캄보디아 – 프놈펜 / 브루나이 – 반다르스리브가완 / 싱가포르 – 싱가포르 / 타이(태국) –방콕 / 라오스 – 비엔티안 / 인도네시아 – 자카르타 / 말레이시아 – 쿠알라룸푸르 / 말레이 반도와 제도 모두에 속하는 나라는 말레이시아이다.
4. 인도와 중국

03. 동남아시아로 전해진 불교

1. 인도, 중국 / 인도
2. (시계방향으로) 보로부두르 사원을 바치고 있다. / 사진 왼쪽에 있는 부처와 보리수나무를 찾아본다. / 당시 동남아시아 나라들이 해상교역을 했다. / 왼쪽 두 번째 줄에서 목 없는 불상 2개를 찾아본다. / 보로부두로 사원이 화산 폭발과 인도네시아의 이슬람화로 관리가 소홀했기 때문에 / 종 모양 / 부처

04. 동남아시아로 전해진 힌두교

1. 캄보디아 / 크메르족
2. **1** 메루산 : 중앙탑 / 산맥 : 1.2회랑 / 해자 : 바다 / 천국 : 사진 윗부분 / 지옥 : 사진 아랫부분
2 7개 / 앙코르 와트 / 화려한 식물모양 보관, 여러 갈래로 땋은 머리카락, 팔찌와 발찌, 치마 / 사진 위쪽 코끼리를 탄 크메르족과 아래쪽 줄에 묶여 끌려가는 포로들을 찾아본다.

4차시 중국·동아시아 문화권 33쪽~

01. 불교가 전파된 위진남북조 시대

1. 도표에서 위, 진, 남북조를 찾아 동그라미 한다. / 삼국 시대 위, 촉, 오 중 가장 세력이 강했던 위나라, 위나라의 왕위를 빼앗아 세운 진나라, 5호 16국 시대 이후 중국 남북에 세워진 남조와 북조까지 각 시기에 가장 대표적인 나라 이름을 따 위진남북조 시대라고 부른다.
2. 황하(북조) : 유목국가, 농경·유목 융합정책, 북방 침입 / 양쯔강(남조) : 한족국가, 강남개발, 농사
– 지도 북쪽에 있는 만리장성을 찾아본다.
3. **1** 한나라
2 위진남북조 시대 / 전쟁에 지친 백성들에게 불교가 평안을 주었기 때문에
3 인도의 영향을 받았기 때문에 / 428 석굴 제자들은 석굴 부처님 옆 조각상 / 200번 시주한 사람은 부처님과 제자들 조각상 뒤 벽에 그려져 있다. / 왼쪽 다리를 내리고 그 무릎 위에 오른쪽 다리를 얹고 대좌 위에 걸쳐 앉아 팔의 팔꿈치로 무릎을 짚고, 그 손가락으로 오른뺨을 고이며 생각하는 자세, 반가사유상

02. 동아시아의 중심 수·당

1. **1** 지도에서 수나라, 당나라 영토를 표시하고 수도 장안을 찾아본다.
2 지도 아래쪽 항저우에서 위쪽 베이징까지 연결한다. / 북조의 군사, 유목민족의 문화와 남조의 경제, 한족 문화가 합쳐 새로운 당나라 문화를 탄생시켰다.
3 삼국 시대 / 삼국 시대 → 남북국 시대
2. **1** 인물상, 말, 낙타, 사자, 개, 생활용품 항아리, 쟁반, 서역인, 서역 악기 등
2 양탄자를 얹은 낙타를 타고 서역 악기를 연주하는 서역인
3 중국 **4** 그림 제일 오른쪽 두 사람
5 비단길(실크로드)을 통한 교역으로 로마 문화가 당나라를 거쳐 신라에 전해졌기 때문에

03. 동아시아 문화권 형성

1. **1** 위구르, 돌궐, 발해, 신라, 일본, 남조, 안남 / 유학, 율령, 불교, 한자 **2** 베트남 **3** 발해 **4** 일본
2. **1** **5** 온대 기후 **2** 당 – 중국 / 발해, 신라 – 한국 / 왜 – 일본 / 위구르, 돌궐 – 중국 / 참파 – 베트남
3 근대 이후 지리적 위치와 기후 등으로 동남아시아에 속하기 때문에 / 한국과 북한(중국과 타이완도 한족이 둘로 나뉜 국가이다.) / 이슬람교, 목축, 한족

04. 교류를 통해 성장하는 한국과 일본

1. **1** 고구려 : 졸본, 국내성, 평양성, 광개토대왕, 장수왕 / 백제 : 위례성, 웅진, 사비, 근초고왕, 성왕 / 신라 : 금성, 진흥왕, 무열왕 **2** 고구려
3 중국 : 불교, 유교, 한자 / 한국 : 불교, 유교, 천문, 조선술, 축제술, 토기 제작 기술, 종이, 붓, 회화, 역법
4 북쪽 유목민들이 한족이 사는 농경 지대로 오지 못하도록 막기 위해서.
2. 불꽃처럼 타오르는 화염무늬 보관/ 비슷한 얼굴 모습 / 높은 콧등 / 뚜렷한 콧망울 선 / 입꼬리가 살짝 올라간 미소
3. 한국, 중국, 중앙아시아, 인도 / 미인도 속 옷자락, 얼굴형, 가위의 장식 문양이, 신라금의 모양이 비슷하다.